Théorie spirite de l'au-delà

AF155917

Théorie spirite de l'au-delà

Par Aleka Waters

Triosième édition

© 2019, Aleka Waters
Edition : Books on Demand, 12/14 rond-point des Champs Elysées, 75008 Paris
Impression : Books on Demand, 22848 Norderstedt, Allemagne
ISBN : 9782322044535
Dépôt légal : juin 2019

Si Dieu, entendu comme l'origine universelle de toute chose, n'était plus envisagé comme le fait miraculeux d'un être suprême, mais comme un phénomène strictement rationnel et physique (définition du mot phénomène : fait naturel complexe pouvant être découvert de manière expérimentale) ?

Introduction : théorie spirite de l'au-delà

Qui croit encore en Dieu aujourd'hui ? Des milliards d'êtres humains, me direz-vous, aux quatre coins de la planète, sentent cet appel d'une force supérieure. Mais qui a compris Dieu ? Qui a compris la Parole ?

Des hommes sont devenus des idoles, un message universel d'amour s'est peu à peu mué en une vague utopie. Le nom de Dieu, s'il est connu de l'entière humanité, a-t-il jamais eu son véritable sens ?

On se rit presque du « Seigneur » et des croyants tellement leur dévotion semble ignorante et naïve. L'ésotérisme et la communication avec l'au-delà rencontrent leurs adeptes assoiffés de la preuve d'une survie de l'âme et de compréhension objective.

Mais les êtres désincarnés, s'ils nous éclairent et nous apportent leur témoignage, ont gardé une perception proche de leur vie terrestre et n'ont pas encore atteint l'origine.

Ils habillent de leur subjectivité humaine, de leurs « mots d'humains », la description de leur état ; ce qui, malgré l'avancement de la connaissance, conduit toujours à répertorier la question de la survie de l'âme au rayon de l'occulte et de l'irrationnel.

À l'heure actuelle, nombreux sont les non croyants peu convaincus par des institutions religieuses désuètes, prisonnières du carcan des siècles. D'autres restent hermétiques à la question de Dieu, se satisfaisant de leurs seules préoccupations terrestres.

D'autres encore doutent et, tout en restant ouverts, laissent simplement cette question à plus tard, quand les croyants, pour le peu qui pratiquent, s'illusionnent en s'achetant une éternité au prix de quelques rituels religieux.

Le Dieu des religions est prisonnier du mythe que les siècles et les fantasmes des hommes ont construit autour de lui, de ces légendes subtilement entremêlées au propos originel ; en particulier celui du Christ.

Se souvient-on seulement que le mot Dieu à l'origine ne signifie pas être suprême, créateur mais seulement lumière du ciel ? Ne serait-il pas temps de balayer le mythe, l'utopie, comme l'a déjà bien entamé la pratique du spiritisme, pour accéder à une approche expérimentale et intellectuelle de Dieu entendu comme cette origine universelle ?

Cette force matrice de toute chose, quête de l'humanité depuis l'aube des temps, ne pourrait-elle pas être un jour pleinement révélée et comprise dans sa logique et sa globalité ?

Quelle serait la nature de cette force, de cette énergie au sens physique du terme et quel lien y aurait-il entre elle et les âmes qui y reviendraient ?

Comment expliquer de manière rationnelle, cohérente, sans se référer à des puissances mystérieuses et impénétrables, cette existence d'un autre niveau de réalité ? Ne pourrait-on pas dépasser les hypothèses brumeuses et s'accorder sur une vérité, une exactitude, une certitude ?

Le mystère ne serait-il pas à notre portée humaine ?

Sans être encore palpable par nos sens limités, la vision de l'origine ne pourrait-elle pas traverser nos esprits ? S'il restera toujours la question de la preuve pour mettre en doute ce raisonnement, une investigation et une explication cohérente feraient basculer l'irrationnel vers le rationnel.

Il nous suffirait simplement de basculer de la croyance à la compréhension.

À l'heure où nos sociétés ont soif de certitudes, d'investigations scientifiques, de rationalité, la question de Dieu ou de l'origine pourrait être observée comme un phénomène, un fait naturel complexe dont la logique pourrait être mise à jour.

Un seul et même message a survécu aux millénaires et même s'il est passablement écorné, est arrivé jusqu'à nous : celui de Jésus-Christ. Ici il n'est nullement question de convictions religieuses dans la manière dont on l'abordera, seulement de le prendre comme point de départ à nos recherches et de le recouper avec l'expérimentation physique de Dieu, de cette origine universelle par le biais de la médiumnité.

Ainsi, si au lieu d'y croire naïvement ou d'y voir un fol idéal, nous réexplorions cette Parole Christique presque comme on déchiffre une langue étrangère.

Ne devrions-nous pas rechercher sous ces mots une vérité beaucoup plus lointaine et subtile que celle qui s'offre à première vue à l'esprit, comme s'il nous fallait déchiffrer le sens caché d'un message évident au premier abord, mais tellement évident qu'il en paraît naïf ?

Comme si deux réalités se superposaient, le sens premier des mots semble en cacher un autre qui n'a pas d'équivalence dans la sphère humaine.

Ainsi la mythologie religieuse, transmise à travers les siècles, d'une éternité de l'être dans l'amour de Dieu et la béatitude ne ferait que dissimuler un fait naturel bien loin de la condition humaine, concernant un autre niveau de matière et un autre état que l'être humain.

Pour mettre à jour cette origine universelle trois outils vont être nécessaires ; l'expérimentation physique du médium, la Parole du Christ et la logique, la déduction, le raisonnement.

Et pour deviner de quoi nos expressions humaines symboliques sont l'image déformée, il faut comprendre que « Dieu » ou l'origine universelle est matière bien sûr, une matière extrêmement pure et inaccessible à nos sens, et que cette matière a ses lois et son fonctionnement.

L'outil de l'accession à cette matière est la médiumnité.

Déchiffrer la symbolique humaine

Aborder l'idée de Dieu de manière objective, c'est en premier lieu constater l'existence d'un autre niveau de matière et d'un autre niveau de « réalité », antérieurs et étrangers à la perception humaine.

En effet, cette condition précédant même le développement de l'humanité, elle ne peut en toute logique posséder les attributs de l'intelligence humaine.

On comprend alors que tous les qualificatifs humains qui désignent Dieu, la description de la vie éternelle ou la relation homme – Dieu pour accéder à cette vie éternelle ne sont pas à prendre au pied de la lettre, même si leur signification demeure valable. Il s'agit d'une représentation à visage humain d'un phénomène qui ne connaît pas l'être.

Ces notions récurrentes et fondamentales dans l'enseignement du Christ d'amour universel, de béatitude, de vie éternelle, d'un Dieu de bonté et d'amour infini désignent de façon symbolique une réalité qui est tout autre que celle que nos repères humains figurent d'un abord immédiat.

Tout comme des civilisations anciennes ont pu animer et diviniser depuis la nuit des temps toutes sortes de forces de la nature telles que l'océan, le vent, le feu, la terre, on peut dire que l'on a personnifié en Dieu une force purement physique, connaissant comme l'océan connaît des marées et des tempêtes, un fonctionnement et des lois naturelles propres.

Comme on prêtait jadis par ignorance à l'océan une personnalité, des sentiments humains et des pouvoirs sans limite quand les flots déchaînaient leur colère, le processus a été exactement le même pour Dieu.

Il s'agit de la même lecture du phénomène. De la même façon que les causes météorologiques et donc purement physiques de la « colère » des flots ont été découvertes, on peut selon la même analyse tenter de révéler l'énigme de Dieu, cette force matrice de l'univers.

L'océan n'a-t-il pas ainsi été considéré comme une divinité pendant des siècles, jusqu'à ce que l'homme moderne et la science dévoilent ses secrets ?

Dieu est représenté comme un être irrationnel tout comme l'a été l'océan, parce que son mystère d'un accès beaucoup plus difficile que celui de l'océan n'a pas encore été pleinement révélé et ne peut l'être par la science.

En habillant de sacré cette origine universelle, l'homme a fini par mettre en doute son existence et sa rationalité en l'étouffant d'un vocable religieux dérivant vers la croyance magique. On vénère le sacré en l'entourant d'une aura de mystère infranchissable, on ne cherche pas à le comprendre.

Il nous faudrait alors expliquer avec nos perceptions humaines ce qui n'est pas de l'ordre de l'humain. L'erreur serait de s'être limité au sens premier de ces ressentis humains très subjectifs, sans les connecter à un phénomène beaucoup plus concret même s'il ne nous est pas d'un accès immédiat.

Nous intégrons toujours l'humanité comme notre seule et unique condition et par conséquent nous n'arrivons pas à nous extraire du mode d'existence que nous avons intégré. Même en appliquant ces idées d'amour et de morale, nous ne nous réalisons qu'en rapport avec le monde physique, à travers le travail, les divertissements par une succession d'actes en relation avec la matière.

Nous ne nous dégageons pas de ce masque provisoire de l'humanité et de l'esprit.

Nous avons admis l'esprit comme notre seul et unique état et nous le projetons même par méprise dans une vie éternelle.

Si nous appréhendons ce qui se cache derrière cette imagerie humaine et dépouillons cette origine universelle des superstitions et des pouvoirs irrationnels qui l'occultent, l'humanité aura les moyens de repenser l'existence, de la réorganiser profondément dans le but de revenir à cette origine.

Déchiffrer la symbolique humaine est donc indispensable pour accéder par l'entendement à Dieu cette force origine de toute chose avant tout matière soumise à un fonctionnement.

L'outil de la médiumnité dans la découverte du fluide universel

La médiumnité pourrait-elle être envisagée comme l'outil de l'accession au divin, ou comme on préfèrera l'exprimer, à l'origine universelle ?

Le médium pour communiquer avec des êtres décédés ou simplement dans sa fonction de voyance dispose d'un « fluide » plus puissant en énergie que le commun des mortels.

Ce fluide bien spécifique nécessaire à toute manifestation médiumnique pourrait nous permettre à lui seul de remonter jusqu'à l'origine universelle et de la décrypter, sans même se référer aux esprits qu'il permet de manifester, mais de manière entre guillemets uniquement objective et physique.

Si bien des médiums avaient transmis des messages d'un au-delà, d'une continuité, il manquait l'étape de la compréhension, du sens, hors de nos repères humains. Comment avoir des certitudes sur cette réalité supérieure sans l'expliquer de manière cohérente, quand les trépassés nous parlent de vie, de bonheur, de joie, d'un amour universel. Comment bien même la visualiser avec réalisme ?

La continuité selon notre raisonnement humain n'offrait que l'alternative du scepticisme ou de la foi, et non celle de l'explication rationnelle.

Si ce fluide de la médiumnité était la preuve de Dieu, si ce fluide était Dieu, dans sa dimension physique, matérielle ?

Il existerait donc un autre niveau de matière, impalpable de manière directe par nos sens et nos technologies humaines, par laquelle l'âme survivrait à la mort.

Toute personne ayant vécu une expérience médiumnique ou de mort imminente a pu sentir se mouvoir et s'extraire de son corps de chair cette particule fluidique que le monde ésotérique a nommé dans une première acceptation « corps spirituel ».

Ce « corps spirituel », s'il peut de par sa supériorité sur notre simple corps de chair emprunter occasionnellement la représentation qu'avait la personne décédée de son vivant pour apparaître aux vivants, est avant tout cette « particule fluidique » sans forme et sans relation avec l'humanité, même si les caractères spirituels y restent un certain temps attachés.

Ce fluide, d'abord assimilé à l'âme, d'une autre origine physique que celle que nous connaissons sur Terre trouverait sa source dans un fluide universel.

Ce fluide universel ne correspondrait-il pas à cette force matrice, ce « Dieu d'amour universel et un » évoqué par le Christ comme par les esprits ?

Il ne s'agirait pas d'un fluide immatériel et impalpable mais d'un fluide « physique » dont les particules séjourneraient dans nos enveloppes charnelles.

Ce fluide ne serait pas produit par notre monde physique connu mais existerait par lui-même, indépendamment de nos réalités accessibles, hors de la matière créée de l'univers des astres et des planètes.

Ce qui se rapprocherait le mieux de ce fluide à nos yeux d'humains serait la fluidité de la flamme. Mais à la couleur jaune du feu se substituerait une incandescence transparente.

Il existe ainsi deux types de fluide : un fluide universel et des particules de ce fluide qui s'en sont échappées et que nous humains, dans une première approche, avons nommées âme ou corps spirituel.

Ce fluide, constitué d'une matière beaucoup plus subtile que celle que nous connaissons, n'évolue pas naturellement dans l'enveloppe lourde d'un corps de chair et de nos milieux physiques.
Son environnement est composé d'ondes, de vibrations.

Ce fluide étant fait d'énergie va de par sa propre activité énergétique émettre des vibrations, des ondes et réagir à celles qu'il reçoit dans une sorte de tissu électromagnétique.
Il va disposer d'un niveau vibratoire fluctuant en fonction des vibrations qu'il réceptionne et qu'il dégage, qui lui permettra d'évoluer comme on le verra par la suite.

Quelques réflexions concernant le fluide universel

À partir de la connaissance de ce fluide universel, ne pourrions-nous pas faire une relecture des deux grandes théories classiques qui s'opposent sur l'origine de l'Humanité : le Darwinisme et le Créationnisme ?

L'une défendue par les scientifiques affirme que l'homme descendrait des grands primates suivant la théorie de l'évolution, alors que la seconde atteste qu'il aurait été créé de toutes pièces par Dieu.

À la lumière de ce fluide universel une troisième lecture apparaît.

On peut penser que la vie est apparue sur Terre en raison de l'interaction entre la matière et les fluides échappés du fluide universel dans différents environnements naturels, activée par le rayonnement solaire. On peut en outre supposer que trois types de fluides s'exprimant physiquement à travers le règne végétal, animal et avec l'évolution l'homme, se seraient incarnés dans la matière.

Ce qui expliquerait la multitude des espèces qui auraient par la suite muté génétiquement et par conséquent physiquement aussi.

Les particules du fluide universel sommeillent sous toute chose vivante et inondent toute la vie physique.
Les grands primates ont également été un véhicule

physique de ces particules fluidiques. L'homme descend donc du singe inondé de ce fluide.

On voit que les deux théories finissent par se combiner dans la mesure où la vie trouve son origine dans le fluide universel (Dieu) et qu'au cours de l'évolution le singe s'est mué en l'homme.

De la même manière ne peut-on pas revisiter quelques expressions connues du christianisme ?

- *« L'homme est à l'image de Dieu »*

Si l'homme est à l'image de Dieu, notre nature fluidique est du même type que celle du fluide universel. Ainsi, l'identification avec cette origine universelle n'est pas de l'ordre de l'esprit ou de la conscience mais de la « matière ».

- *« Un dans tout »*

Le fluide universel est présent dans tout ce qui vit sous le masque du vivant dans les fluides dispersés.

- *« Tout en un »*

Les fluides dispersés sont destinés à se dépouiller du masque de la matière et à réintégrer le fluide universel.

En identifiant Dieu ou l'origine universelle comme ce fluide universel, se profile alors la nécessité de déchiffrer toutes les expressions humaines attachées à la description de la « vie éternelle ».

De l'apparition de la Vie sur terre, du règne végétal et animal

Les fluides sont prisonniers de la croûte terrestre pen-dant des milliards d'années (l'univers a environ 13,5 mil-liards d'années) jusqu'à ce que les conditions physiques permettent l'émergence de la vie à moins qu'ils aient été projetés par des astéroïdes ou des comètes. Dans tous les cas, qu'ils aient été enfermés sous la croûte terrestre ou projetés, il a fallu que les conditions physiques permettent leur évolution.

On peut penser aux conditions classiques par lesquelles la science explique l'émergence de la vie et à l'idée que les fluides ont fini par remonter à la surface terrestre. En remontant à la surface, les fluides vont être activés par le rayonnement solaire.

La vie va apparaitre : microorganismes

Approfondissements concernant le règne végétal et ani-mal :

Au sein du fluide universel rayonnant, il y aurait des rayons de différentes longueurs d'ondes au rayonnement plus ou moins puissant. Les rayons au rayonnement le plus limité, les plus « proches » du fluide universel rayonnant de par leur champ de rayonnement plus réduit se seraient exprimés à travers le règne végétal.

Les végétaux, de par leur état physique, sont les plus proches du fluide universel rayonnant. Leur état statique, l'unique réponse aux seuls impératifs de la nature les rap-prochent le plus du fluide universel rayonnant.

Par rapport au règne animal et humain, le règne végétal est le moins « esclave » de la matière. C'est celui qui in-teragit le moins avec la matière. Le règne animal cacherait des rayons de rayonnement intermédiaire entre le règne végétal et humain.

On peut penser que les rayons des végétaux et des ani-maux ne sont pas sortis du fluide universel rayonnant par eux-mêmes. De par leur rayonnement inférieur,Ils n'avaient pas cette capacité. Ils ont été entrainés par les rayons de rayonnement supérieur qui allaient s'incarner en l'homme dans une sorte d'aspiration d'énergie.

Cette hypothèse conforte deux idées .Les rayons des vé-gétaux et des animaux ont un rapport limité à la matière et répondent à leurs seuls besoins physiques du fait qu'ils sont emprunts de l'harmonie qui existait au sein du fluide universel rayonnant. Ils ne peuvent avoir développé la pen-sée, le choix de rester dans la matière ou revenir au fluide universel rayonnant, dans la mesure ou ils n'ont pas choisi d'en sortir. Le retour au sein du fluide universel dépend de celui des fluides des hommes.

Si les fluides supérieurs s'élèvent, ceux des animaux et des végétaux vont s'élever aussi car il s'agit d'un mouvement d'énergie.

Pourquoi les végétaux sont-ils apparus en premier ? Il s'agit des fluides au rayonnement le plus limité, les plus proches du fluide universel, les premiers à réagir au rayonnement du soleil (particules du fluide universel) et à se développer. Dans un effet dominos, leur développement a permis celui des fluides des animaux (oxygène) puis celui de l'Homme.

Notion d'amour : rayons dans les mêmes hauteurs de fusion au sein du fluide universel et dont les ondes se croi-sent.

Niveau de perception : différents niveau de fusion, de vibrations, au sein du fluide universel.

L'adaptation à l'environnement terrestre sera marquée par différents niveaux de conscience.

On peut penser que contrairement à l'hypothèse scientifique, l'apparition de la vie n'est pas du au hasard, la vie n'étant que la dégradation d'une condition immuable et éternelle qui ne connaissait ni de début ni de fin.

Cette forme dégradée d'une réalité supérieure éternelle et immuable devait trouver un moyen de s'exprimer après la réaction physique qui a engendré l'univers.

Toute la matière créée de l'univers n'est que le rejet dé-gradé du fluide universel rayonnant, donc toutes les com-posantes physiques qui composent l'univers ont fatalement fini par s'agencer pour permettre à la vie, forme dégénérée de cette condition supérieure, d'exister.

Un fluide universel rayonnant : Dieu est lumière

Ce fluide universel présente une qualité - et non la moindre - de plus que les particules qui s'en sont échappées. Il est fait de chaleur, d'énergie.

Si la perception du fluide du corps spirituel est accessible aux médiums et à toute personne ayant vécu une Expérience de Mort Imminente dans son propre « corps » physique, celle du fluide universel rayonnant relève de la vison d'une lumière qui est à la fois extérieure au fluide du corps spirituel et à notre monde physique.

L'allégorie de la lumière présente dans le christianisme ne se limite pas à une symbolique de la pureté et du bien contre les ténèbres du mal, ni à un sas d'accès au Paradis, à un nouveau monde de villes de lumière, mais peut se voir comme l'expression extrêmement primaire d'un phénomène purement physique loin de toute subjectivité humaine. Cette notion de lumière est d'ailleurs relayée par les êtres désincarnés.

Cette lumière ne vient pas de nulle part. Elle n'a pas d'origine miraculeuse et impénétrable ; elle existe en tant que telle. Cette lumière est produite par la chaleur du fluide universel rayonnant.

Le fluide universel rayonnant, constitué d'une matière extrêmement éthérée par rapport à celle que nous connaissons, dégage donc cette lumière.

Ce fluide universel origine de toute chose est une source de combustion et de chaleur.

Étant donné la puissance et l'immensité de cette force, elle ne se contente pas d'être froide, éteinte, elle bouillonne d'énergie, d'ondes, de vibrations, de chaleur.

Ce fluide universel est rayonnant. L'image de l'astre, du soleil, est celle qui nous permet le mieux de nous représenter cette énergie à une échelle extrêmement réduite. On peut présumer que le soleil serait une particule pure de cette force qui se serait matérialisée lors du déséquilibre originel survenu de l'échappement des fluides qui s'y ressourçaient.

On peut identifier Dieu comme ce fluide universel rayonnant.

Ce fluide universel constitue ainsi seulement une force vibratoire qui n'est absolument pas une énergie spirituelle, « un esprit pur », une force consciente capable de jugement et de volonté. Cette force n'a pas la connaissance et la notion du bien et du mal, ni même de l'amour comme on le démontrera par la suite.

Là est peut-être la plus grande méprise de l'humanité d'avoir prêté à une énergie extérieure à elle des perceptions proprement humaines.

Dieu est amour : la chaleur du fluide universel rayonnant

À partir de la compréhension de l'existence d'un fluide universel rayonnant, la symbolique d'un Dieu d'amour prendrait tout son sens. L'amour de Dieu, ce serait la métaphore de l'énergie du fluide universel, la seule dans laquelle les « fluides » dispersés peuvent se recharger de lumière et de chaleur et rayonner, redevenir rayons ; la seule dans laquelle ils peuvent exprimer leur vraie potentialité.

Hors de cette énergie, ils peuvent continuer à évoluer mais sous un autre état. Ce en quoi le fluide universel rayonnant et les fluides dispersés sont indissociables, les fluides ne peuvent retrouver leur pleine puissance que dans le fluide universel.

Cette énergie, cette chaleur rayonnante, qui fait d'un simple fluide un rayon, qui l'active et le recharge, qui le fait rayonner, c'est-ce que nous humains avons appelé amour de Dieu et qui n'a strictement rien à voir avec un sentiment humain de bienveillance et d'affection.

Le fluide en retournant et en progressant au sein du fluide universel rayonnant retrouve son environnement naturel et se baigne d'énergie. Il devient rayon porté par l'immense boule de lumière. Son seul état est le rayonnement, cette fusion étincelante ; c'est ce stade ultime qu'exprime toute religion à travers nos perceptions humaines de béatitude éternelle, joie immense, Paradis, Nirvana. L'amour de Dieu si l'on peut dire serait l'expression d'un phénomène purement « physique ».

Du rayon à l'être ou comment est née l'humanité

Le fluide universel rayonnant gardait en son sein comme des écailles des milliards et milliards de rayons.

L'échappement de ces rayons qui a fait perdre l'équilibre vibratoire de cette force va être à l'origine d'un long processus individuel et collectif.

On étudiera ici l'expérience de cette perte d'harmonie à travers un seul rayon.

Le rayon baignant dans le fluide universel rayonnant ne connaissait qu'une pure combustion d'énergie, de chaleur et de lumière qui lui permettait de connaître cet état de rayonnement.

En sortant du fluide universel, le rayon devenu « fluide » coupé de sa source, de son alimentation, s'est comme éteint. Il a perdu cette énergie qui le rechargeait et qui lui permettait seule d'exploiter pleinement sa nature vibratoire.

Le fluide universel peut à nos yeux être représenté comme un immense générateur d'énergie dont nous serions coupés par le phénomène de l'incarnation, comme un réseau électrique coupé de son alimentation centrale.

Hors de cette énergie matrice, le rayon devient simple « fluide », à savoir le rayon coupé de son énergie vitale.

Le fluide isolé de l'énergie matrice qui le recharge perd la mémoire de sa nature de rayon. Il ne connaît plus cet état d'expansion, d'épanouissement, de puissance d'énergie sans limite ; il est comme débranché.

Il finit par se limiter à des seuils de perception, d'énergie et de vibrations qu'il connaît en dehors de cette énergie matrice. Il s'invente de nouveaux repères.

L'amnésie est d'autant plus grande que le masque de la matière vient l'envelopper de son sarcophage. Le rayon devenu fluide est comme étouffé et ne se souvient plus.

Le rayon devenu fluide, qui n'a jamais connu l'espace ni le temps, se voit prisonnier de la matière et la matière s'invente une réalité, un sens, un but : la vie, et une fable : celle de l'humanité au fil de l'évolution terrestre. L'humanité, l'esprit apparaissent pour ainsi dire comme l'adaptation progressive au fil de l'évolution terrestre du fluide à un environnement physique.

L'humanité et l'être au sens large sont nés de la matière et ne correspondent pas à notre état originel.

Le rayon asphyxié par la matière s'est réveillé peu à peu en créant le chemin du revenir, celui de la pensée, celui de la conscience.

Approfondissements sur la notion de rayon

Comme le soleil connaît des rayons de différentes longueurs d'ondes, on peut penser qu'il en va de même pour les rayons du fluide universel rayonnant.

Ces différentes longueurs d'ondes vibratoires se seraient exprimées sur Terre par les règnes végétal, animal et avec l'évolution l'être humain, avec une expression des possibilités physiques différentes.

L'état de rayon est très loin d'une éternité figée sous forme d'esprit dans un bonheur parfait qui peut nous sembler à nous humains ennuyeuse et fade.

Car l'état de rayon ne connaît plus l'être. Cette idée de bonheur parfait est la représentation à travers un sentiment humain de la plénitude de l'état de rayon.

On ne peut en effet se figurer avec nos sens limités cette condition apparemment si éloignée de nous, seulement tenter d'en visualiser la perspective.

Imaginons un état de fusion sans limite, sans début et sans fin, infini, une énergie vivante, vibrante, traversée par les ondes du fluide universel rayonnant.

Quand les esprits nous parlent de sphères, de degrés, d'ondes, si l'élévation est dans un premier aspect pour nous humains spirituelle (on progresse dans la bonté et l'amour), elle est avant tout physique.

Ces sphères, ces degrés ne sont pas des mondes, ils

correspondent à l'élévation énergétique du rayon ; plus l'humanité s'efface plus le rayon se « nettoie » de ses énergies qui le polluaient. Il peut donc progresser au sein du fluide universel rayonnant et fusionner avec lui.

L'état de rayon pourrait pour nous s'illustrer comme une transe sans limite, un canal de chaleur s'élevant à l'infini dans une régénération permanente des énergies.

Le stade ultime est celui où le rayon s'est complètement nettoyé de toute humanité et où la progression n'est plus nécessaire, où l'harmonie avec l'énergie du fluide universel est totalement retrouvée.

Libéré de ce masque provisoire de l'humanité, qui l'occultait même une fois libéré du corps physique, le rayon retrouve pleinement sa vraie nature et se marie pour l'éternité avec l'énergie du fluide universel.

On peut alors imaginer une combustion de chaleur sans limite que l'on ne peut appréhender.

Même si après la mort le fluide réintègre le fluide universel et évolue en son sein, on peut présumer que tant que la progression n'a pas eu lieu du temps de la vie physique, ses énergies y sont comme rattachées, et que le fluide comme dans une réaction physique doive réemprunter le véhicule de la matière.

Du Paradis, de l'Enfer

Toutes les idées traditionnelles concernant le Paradis – entretenues depuis des siècles par l'Église et par l'expression artistique foisonnante pour le représenter – sont de l'ordre de la légende ou comme on l'a déjà dit de la représentation à visage humain.

La résurrection du corps après la mort, de ce corps de gloire bien supérieur de par ses facultés au corps physique est une utopie.

Si le fluide peut pour apparaître aux humains prendre la forme d'une silhouette humaine, ce n' est que le temps de se communiquer de manière intelligible aux vivants. Le corps n'existe plus.

Le Paradis n'est pas un lieu bâti de villes de lumière où nous continuons à évoluer sous la forme d'êtres, sous la bienveillance des anges et de Dieu pour l'éternité.

Ce serait seulement continuer la vie au-delà de la vie, or comme on le développera plus tard l'humanité n'est qu'un habit provisoire du rayon.

Toutes ces croyances, cette vision d'un monde idéal sans souffrance et de bien-être modelées par les siècles, ont fini par étouffer la vérité du rayon.

Le Paradis c'est donc cet état de rayon lorsque le fluide réintègre le fluide universel rayonnant, se recharge de son énergie et retrouve son environnement naturel.

Si l'on peut dire que la Parole a été donnée, le Christ ayant révélé le principe de la « vie » éternelle, du Paradis, de l'Enfer et les règles à appliquer pour y revenir, elle n'a pas été expliquée. Ou si elle l'a été, on s'est limité au sens premier et direct des notions établies.

Ce Dieu à visage humain accessible au plus grand nombre occulte depuis des siècles un phénomène physique.

Ce défaut d'information mêlé à l'obscurantisme et l'ignorance a fait naître la fable de Jésus et de Dieu, alimentée par les récits religieux.

On ne rentrera pas dans le détail des croyances concernant le Purgatoire et l'Enfer car ce n'est pas utile.

Comme il en a été du Paradis, l'Enfer a été l'objet de beaucoup de spéculations sur lesquelles on ne s'attardera pas. L'Enfer est un état comme le Paradis. Quand le fluide ne peut pas de par ses vibrations basses revenir au fluide universel et redevenir rayon, et n'est ni plus incarné dans un corps physique , il se trouve en perdition.

Cet état intermédiaire d'égarement et d'errance est éprouvant et difficile pour l'esprit comme on sait que l'esprit reste encore « greffé » au fluide .

Il n'a plus la familiarité des repères du monde physique et ne retrouve pas le bien-être du fluide universel.

Les limites de l'esprit ou de l'être

D'aucuns observent une nuance subtile entre l'âme et l'esprit ; comprenant l'esprit comme l'instrument humain provisoire lié à une incarnation précise et altéré par les circonstances de cette incarnation, et l'âme comme un principe spirituel éternel mêlant la conscience et l'affect, qui ne subirait pas les dommages de l'existence terrestre.

La nuance est peu claire et compréhensible et importe peu dans la mesure où l'âme dans l'acceptation courante est assimilée à l'esprit, et que même différenciée de l'esprit l'âme est appréhendée comme un principe spirituel, comme l'essence de l'être.

Ayant noté cette légère différence dans la définition de l'âme et de l'esprit, on emploiera cependant ici, dans un souci de facilité, de manière indistincte les deux termes.

Ainsi si l'image d'une éternité de l'âme, d'une éternité de l'être était erronée ?

C'est de cette méprise que seraient nés le doute et l'incrédulité pour beaucoup d'entre nous.

L'esprit est l'état qui demeure postérieurement à l'incarnation, dans le stade de l'au-delà, et avant le retour définitif au fluide universel rayonnant.

Avant la création, avant l'apparition de la matière et la longue évolution terrestre, l'esprit n'existait pas. L'esprit est né de l'expérience terrestre.

La croyance créationniste selon laquelle Dieu aurait créé l'homme et par là-même son esprit de toutes pièces en tant que créature est bien sûr de l'ordre du mythe.

Imaginer que l'homme ait été projeté de toutes pièces et de nulle part sur Terre participe encore à la fable que nous avons tissée au fil des siècles autour de nos origines.

La conscience, la raison sont nées au fil de l'évolution terrestre. Avant l'incarnation des rayons devenus fluides dans un véhicule physique, la conscience n'existait pas, l'être n'existait pas.

Seuls le fluide universel et ses particules baignant dans sa lumière.
Les rayons devenus fluides et enveloppés du masque de la matière ont développé la pensée sur Terre.

Ici on ne s'intéressera qu'aux rayons qui de par la spécificité de leur nature vibratoire se sont développés au travers de l'espèce humaine.

On peut supposer que le règne végétal et animal cachent un autre type de rayons, qui ont obéi à des lois différentes dans leur manifestation physique.

L'esprit serait l'état intermédiaire qui permettrait de progresser de l'incarné vers le fluide universel rayonnant sans perdre tout repère et qui permettrait de se communiquer aux vivants et d'agir sur le plan physique.

L'au-delà serait un espace hors de la matière mais encore

éloigné du cœur de l'essence. Cet au-delà serait baigné des lointaines chaleurs de l'essence. Même s'ils en savent plus que les êtres incarnés, les esprits connaissent toujours la subjectivité humaine et ne comprennent pas forcément leur état de manière objective.

Dans ce stade intermédiaire de l'au-delà, les notions d'amour, de bonheur, de bien et de mal existent toujours pour les esprits. Les entités, œuvrant de manière positive ou négative pour les vivants, continuent de cette manière à se dégager de l'empreinte de la matière ou au contraire à y rester attachés.

Ces esprits et non le fluide universel, force non de pensée mais purement vibratoire, auraient une influence sur le bonheur ou le malheur des êtres encore incarnés de par leur capacité d'action et de perception.

Ce serait une sorte d'humanité désincarnée conservant des perceptions humaines, décrivant une « vie » en communauté, des activités, des rencontres.

Cet au-delà reste très marqué par l'être et ce vocable humain peut encore pousser au scepticisme et nuit à la compréhension d'un phénomène purement objectif.

Car parler de l'âme, c'est se référer à notre humanité aussi désincarnée soit-elle.

À la fin de toute chose, à l'origine universelle seul est voué à demeurer le fluide redevenu rayon, auquel l'esprit a prêté une pensée, une perception, des sentiments, comme une expression fugitive et limitée d'une énergie bien plus élevée.

L'aberration serait de continuer éternellement sous la forme de l'être, même dégagée du corps ; la continuation sous forme d'esprit serait irrationnelle, elle ne peut être que temporaire.

L'esprit même immatériel et capable de penser l'abstraction ne s'est développé que par rapport à un environnement physique, qu'au moyen de la création, que pour penser l'existence. Hors de l'expérience de la création, de la matière, l'âme n'a pas de raison d'être.

La question de Dieu ou d'une force matrice n'est-elle pas celle de l'origine ?

Notre fin ultime n'est-elle pas de revenir à l'ordre naturel des choses en retournant à cette origine ; en faisant le cheminement inverse de celui que l'homme a choisi depuis l'aube des temps ?

En nous dégageant du masque de l'être, en n'étant plus que cette particule d'énergie qui s'élève bien au-delà de la pensée, de la conscience, qui l'a toujours ignorée, qui ne connaît plus la parole, ni le sentiment, qui baigne dans la vibration originelle, qui pénètre de ses vibrations tout le fluide universel rayonnant et les autres rayons, et de cette fusion est un dans tout et tout dans l'un.

Notre chemin est-il de revenir à ce qui est hors de l'être, hors de nos sens et de nos consciences, à ce qui est hors de ce monde, à ce qui est hors de la vie ?

Nous ne passons pas seulement de l'énergie spirituelle incarnée à l'énergie libérée, mais d'une individualité de sentiments, de perception, à un état où cette individualité spirituelle n'a jamais été. Il nous faut revenir à cet état où nous n'avons jamais eu d'existence et de conscience humaine, où nous n'avons jamais été créature ni même énergie devant agir par elle-même et devant progresser.

Cette individualisation du rayon qui était latente à l'origine, le rayon se perdant dans le fluide universel rayonnant, nous aurait poussés au déséquilibre en voulant nous l'approprier et par là-même contraints à agir et à évoluer seuls et tous à la fois, et à faire naître une conscience, une pensée qui n'avait pas lieu d'être à l'origine.

Cette conscience individuelle serait en quelque sorte une modulation, une dérivation de notre état originel, comme si cette individualité de progression, d'action, était un travestissement de notre énergie qui n'avait pas lieu d'être à l'origine.

Dieu ou l'origine universelle n'est pas de notre humanité corporelle ni même de notre esprit. Cette origine est dans l'essence, le fluide universel rayonnant. L'esprit est un habillement de l'essence, un déguisement passager du rayon.

Nous devons revenir à l'état de non action, de non pensée, où nous ne serons plus même esprit, l'état de non existence au sens humain du terme.

Nous devons redevenir ces rayons dans des hauteurs de

vibrations, de chaleur et de fusion, que l'intelligence humaine ne peut appréhender.

Ce sont cette chaleur du rayon, cette puissance d'énergie et de lumière auxquelles toutes les religions du monde font référence. C'est cet état de rayon, ce Nirvana, ce Paradis, cet état de grâce, de béatitude éternelle qui est devenu légende sous la pesanteur de nos caricatures humaines.

L'amour des hommes pour Dieu

À l'amour de Dieu, selon le message du Christ doivent répondre deux amours, l'amour des hommes pour Dieu et l'amour du prochain.

Aujourd'hui cet amour des hommes pour Dieu dans la lecture simpliste que l'Eglise en a fait est l'objet de beaucoup de controverses.

Pour les croyants animés d'une foi ardente, Dieu nous aime car il nous a donné la vie, il nous aime comme ses créatures, ses enfants, et nous devons lui être fidèles et l'aimer en retour.

Si nous cessons de l'aimer nous nous éloignons de lui et de la promesse d'une béatitude éternelle.

Cette lecture basique du message du Christ et du devoir d'amour des croyants ne convainc pas tout le monde.

Revient souvent la question du pourquoi. Si Dieu nous aime, pourquoi souffrons-nous ? Question que l'on abordera plus tard de manière objective.

Ce devoir d'amour des hommes pour Dieu, tout comme l'amour de Dieu, cache sous cette imagerie humaine un phénomène purement vibratoire.

Cette attraction que nous appelons foi pour une essence supérieure et que l'on ne peut expliquer, qui nous fait croire à une survie de l'âme, à une éternité, c'est cette énergie matrice du fluide universel rayonnant qui nous aimante sous le masque de l'humanité et que nous devons retrouver pour redevenir rayons.

Les fluides éteints, habillés du déguisement humain, ressentent cette lointaine chaleur du fluide universel rayonnant qu'il leur faut retrouver pour à nouveau rayonner.

L'amour de Dieu est l'énergie qui nous élève vers le fluide universel rayonnant.

En sortant du fluide universel, nous avons perdu nos qualités vibratoires de rayons ; l'amour de Dieu élève nos énergies, fait grandir l'attraction vers le fluide universel, nous fait gagner les vibrations nécessaires pour revenir à lui.

À l'état de créatures ignorantes de nos origines continuant à vivre dans l'indifférence, le cycle de l'incarnation est inéluctable même si la progression postérieure à la mort est possible.

Le rayon devenu fluide en s'éloignant de l'essence ayant tellement perdu de ses qualités physiques premières par le phénomène de l'incarnation, ne peut plus revenir naturellement se baigner à sa source du fait du masque de la matière. Pour détruire ce masque il doit au cours de son incarnation s'en libérer le plus possible en vivant dans l'attraction du fluide universel, d'où l'impératif du renoncement matériel du Christ.

L'élévation n'est pas spirituelle, elle n'est pas morale, elle n'a rien à voir avec l'humain.

Nos comportements humains ne font qu'occulter un phénomène strictement physique qui ignore l'affect, le sentiment et la pensée humaine.

Cet amour des hommes pour Dieu, c'est pour nous humains, le désir de revenir à notre source, le fluide ayant conscience de sa source, sentant l'appel de cette source va s'alléger de sa vie terrestre.

Cet amour de Dieu serait l'énergie nécessaire pour ramener les fluides dispersés au sein du fluide universel rayonnant.

De par la conscience de leur origine, les fluides se dégageraient peu à peu de la matière, augmenteraient leurs vibrations pour revenir définitivement au fluide universel. Cet amour des hommes pour Dieu postulerait de vivre dans la perspective de retourner à notre origine. Cette évolution peut être l'œuvre de millions voire de milliards d'années ; tout dépend de notre volonté d'y retourner.

Cet amour de Dieu s'exprime bien entendu essentiellement dans la prière.

La définition de la prière classique qui apparaît comme une recherche de relation avec Dieu, l'abandon entre les mains du Seigneur qui exauce ou qui réconforte, n'est pas celle que l'on retiendra.

Le sens de la prière, comme le message du Christ, n'a pas été pleinement compris, ou de manière sommaire.

Prier Dieu, que cela passe par une expression verbale ou un recueillement silencieux, permet de s'extraire de la matière et de faire remonter les énergies du fluide vers le fluide universel rayonnant.

Dans notre monde moderne où la prière s'effectue de manière ponctuelle et succincte par le peu qui s'y appliquent, ses effets mêmes positifs restent dérisoires.

Pour pouvoir libérer le fluide de la matière et le faire redevenir rayon pour l'éternité, il faudrait être en état de contemplation permanent.

Cela n'est bien sûr pas possible de manière collective ni même individuelle dans l'immédiat, mais c'est le but à atteindre de manière progressive si l'homme désire retrouver ses origines. On verra d'ici peu le rôle de la prière dans l'amour du prochain.

Pour nous humains, il existe trois types d'amour : l'amour de Dieu, l'amour des hommes pour Dieu et l'amour du prochain.

À quoi donc correspond cet amour du prochain ?

L'amour du prochain

Tout comme les deux autres relations d'amour déjà abordées, cette notion d'amour du prochain, dans le cliché dans lequel est tombée la religion, apparaît comme un devoir moral, si ce n'est dont on se rit du moins qu'il semble difficile à appliquer à la perfection même pour les meilleurs d'entre nous.

Cet amour universel entre les êtres humains apparaît comme une vision certes noble mais utopiste et qui même si on tente de la respecter, aussi bien par pure conviction personnelle éloignée de tout commandement religieux, semble trop naïve pour être suffisante à obtenir la béatitude éternelle.

Cette notion d'amour du prochain cache elle aussi un rapport de force purement vibratoire.

De notre point de vue humain, tous nos désirs, pensées, ressentis, actes à l'égard d'une autre personne de manière bonne ou mauvaise vont affecter cette dernière et nous-mêmes.

À un autre niveau, occulté par la matière et par notre humanité, il va exister un déséquilibre vibratoire entre les fluides, une interaction les ramenant plus ou moins vers la matière du fait de l'emprise des sentiments humains sur eux.

Si l'idée d'une parfaite harmonie entre les hommes est un idéal qui semble difficile à atteindre, celle d'un parfait équilibre énergétique entre les rayons semble beaucoup plus rationnelle.

Et c'est cette harmonie qui existait à l'origine au sein du fluide universel rayonnant.

L'amour des êtres sur Terre prôné par toutes les religions correspondrait à l'harmonie originelle entre les rayons dans l'unité universelle.

L'unité entre les rayons est rompue de par la lutte entre les hommes, ce qui crée une fracture, une lutte d'énergies qui va à l'encontre d'un retour au fluide universel.

Les rayons, en s'échappant, en s'emparant de leur indépendance ont rompu deux accords universels ; l'unité entre les rayons et le fluide universel, l'unité entre les rayons.

Les liens privilégiés au-delà de ce seul amour du prochain qui existent entre les hommes seraient l'expression des rayons fusionnant dans les mêmes hauteurs d'énergie et de vibrations au sein du fluide universel rayonnant.

L'esprit s'est effacé mais le rayon se souvient dans l'entremêlement des énergies et des vibrations.

Cette reconnaissance existe donc au-delà de l'esprit et au-delà de l'être.

La prière trouve aussi à s'exprimer dans l'amour du prochain. Prier pour autrui ne se résume pas à implorer le

Seigneur de protéger de son pouvoir divin une personne (seuls les esprits ont cette capacité d'action et de protection car ils possèdent toujours les facultés de la pensée).

La prière, dans l'amour du prochain, peut se voir comme un influx vibratoire envers le fluide d'une tierce personne.

Ce support d'énergie va faire remonter vers le fluide universel rayonnant à la fois le fluide de l'émetteur et celui du récepteur.

Le fluide émetteur s'élève en participant au retour à l'harmonie entre les rayons. Le fluide récepteur est porté par les vibrations qu'il reçoit.

Les fluides qui, de par leur faiblesse vibratoire, ne peuvent regagner le fluide universel rayonnant, des êtres qui n'ont vécu que dans la matière, ignorant la nature du rayon, ont besoin de ce support d'énergie pour regagner le fluide universel et progresser en son sein.

L'amour des hommes pour Dieu n'est pas suffisant et doit s'associer à celui du prochain pour retrouver cet équilibre énergétique entre les rayons et le fluide universel.

Étude de la notion d'amour

Cette notion d'amour mérite encore quelques éclaircissements.

La symbolique de l'amour est donc utilisée pour illustrer trois connexions ; l'harmonie entre les rayons ou amour du prochain, l'énergie du fluide universel rayonnant nécessaire aux fluides pour redevenir rayons ou amour de Dieu, et l'attraction des fluides pour revenir au fluide universel ou amour des hommes pour Dieu.

C'est dans l'aspect de l'amour du prochain et de l'amour des hommes pour Dieu que cette symbolique de l'amour démontre le plus de richesse.

Si pour l'homme, l'amour est le sentiment le plus universel et le plus caractéristique de son humanité, ce sentiment se limite à l'humain, et le projeter dans un au-delà à une force immatérielle hors de l'humain semble à première vue une vision assez idéaliste.

Dans la vie humaine où tout est organisé en rapport à un environnement physique et dans une existence vécue par rapport à cet environnement physique, seul l'amour, sentiment agréable procurant le bien-être et la plénitude, s'extrait de cette existence essentiellement physique, que ce soit dans l'amour des hommes pour Dieu ou l'amour du prochain.

Ce sentiment d'amour a une équivalence toute autre à celle que lui connaît l'homme quand il « sort » de son environnement humain.

Il est comme une énergie, une vibration non dirigée vers la matière qui s'en extrait et élève le fluide éteint en vibrations dans sa remontée vers le fluide universel rayonnant. Ainsi l'amour est la vibration, l'énergie qui filtre hors de la matière dans tous nos actes, désirs, pensées où l'emprise de la matière n'a pas de place, la matière au sens large. Toute énergie détachée de l'attraction que la matière a sur le fluide est amour ; l'ego, le mal, la vie matérielle.

L'amour à l'échelle universelle n'a plus rien à voir avec le sentiment que connaît l'homme, et n'est plus qu'une vibration de lumière et de chaleur.

Étude de la morale, des notions de bien et de mal

Si les sentiments sont le propre de l'homme et n'existent pas au-delà de son humanité, il en va de même pour la morale.

Que cache la symbolique d'un Dieu bon et juste ?

Cette image idyllique d'un Dieu d'amour bon et juste est à nouveau une expression métaphorique d'une toute autre réalité.

La morale est humaine, le bien comme le mal sont des notions humaines et, comme l'idée d'amour, se limitent à l'homme.

Il n'y a pas de Dieu bon et juste, seulement une force étrangère à l'humanité, extérieure à elle comme à la matière et qui ne connaît donc pas le mal. Si cette force ne connaît pas la matière ni l'esprit ni le mal, elle est forcément parfaite, bonne et juste si on lui attribue des caractères humains. Mais ces qualificatifs humains restent très symboliques puisqu'on cherche à nommer le non humain.

Tout comme l'amour qui se porte sur le prochain ou sur Dieu, qui a quant à lui un objet, le bien est la vibration qui rejaillit sur Terre dans tous nos actes, pensées où les désirs négatifs nés de la matière n'ont pas de place. Le bien ne se limite pas à l'idée de ne pas nuire à autrui, à agir de manière juste, mais à se détacher plus largement de tous les bas instincts que fait naître la matière. Le bien en tant que valeur morale tout comme le mal est une idée engendrée de toutes pièces par l'homme. Le bien doit être envisagé comme l'énergie par laquelle l'homme se détache de la matière.

En nous détachant de la matière et de notre humanité, les énergies du fluide éteint s'élèvent et le font remonter vers le fluide universel.

La morale est un instrument humain indispensable au retour au fluide universel.

Nous nous sommes égarés dans une imagerie humaine caricaturale en prêtant des dogmes et une morale outrancière à une force qui les ignore. La subjectivité humaine a étouffé de son poids une réalité objective.

D'une condition supérieure, l'homme a fait naître une croyance prêtant au doute ou à une foi ignorante.

Il n'y a pas de récompense ou de châtiment à des comportements respectant ou enfreignant une morale immanente, seulement un phénomène vibratoire, chaque fluide possédant une sorte de mesure vibratoire montante et descendante, le ramenant ou l'extrayant de la matière.

De la même manière, le mal est intrinsèquement lié à la matière puisque ses pulsions s'accomplissent en relation avec le monde physique. Le mal est lié à notre état d'être humain. Le mal ne se limite pas à l'intention de nuire à autrui mais à se laisser dominer par la matière.

Or cette force dont nous sommes les particules ne peut savoir le mal puisqu'elle est extérieure et antérieure à l'humanité.

Le péché consiste en tout ce qui éloigne l'homme de Dieu, ou de manière physique qui empêche le fluide de retourner au fluide universel et de fusionner avec lui.

Le mal est l'expression symbolique de tout ce qui nous rattache à la matière et étouffe notre nature de rayon.

Comment pouvoir et même vouloir nuire à une onde lumineuse et indestructible, au rayon quand tout notre environnement humain s'est effacé, que les angoisses, les difficultés et les désirs nés de l'existence ont disparu ? Il n'y a plus d'esprit, ni de désir, ni de volonté de nuire.

L'homme s'est approprié cette morale « divine » et a donné une définition du bien et du mal qui n'a plus rien à voir avec la capacité ou non de se libérer de la matière, en se perdant dans des points de détail, alors que cet effort d'extraction de la matière doit être envisagé de manière beaucoup plus globale.

Tout comme les notions de bien et de mal, le bonheur et le malheur sont des perceptions purement humaines.

Ainsi se pose souvent la question du pourquoi : pourquoi Dieu permet-il les épreuves ?

Parce que Dieu ou le fluide universel rayonnant n'a pas de volonté, c'est une énergie vibratoire. La vie que nous avons n'est que l'expression physique de notre état d'avancement vibratoire, notre niveau d'extraction de la matière.

Le seul bonheur que peut nous offrir le fluide universel rayonnant, c'est celui de savoir que la réalité que nous vivons n'est qu'une fiction passagère.

Du rôle des artistes

Les fluides, ou rayons, de niveau vibratoire supérieur, su-périeur à la matière, ont la capacité naturelle de s'en ex-traire, et donc de se penser, de se voir, de penser la vie et l'existence, contrairement à ceux de niveau vibratoire plus limité. L'exercice de la prière est donc beaucoup moins indispensable pour eux étant donné leur état d'extraction naturelle. Mais il n'en garde pas moins toute sa noblesse. La plupart des artistes disposent de ce fluide au niveau vibratoire supérieur.

La prière, la contemplation, la méditation n'est pas un devoir c'est un état naturel, quel que soit l'environnement environnant.

C'est une élévation naturelle du fluide vers le fluide uni-versel rayonnant.

La plupart des autres fluides sont à un niveau vibratoire inférieur qui fait que la matière les englobe autant leur corps que leur esprit et les empêche de se voir et de prendre conscience d'eux mêmes et donc de rechercher le sens de l'existence et une autre réalité.

Mais ils n'en ressentent pas moins le manque d'amour, l'incohérence et l'absence d'unité de ce monde.

Le but est de défaire le mythe et de rationaliser une réalité supérieure que nous apprenons à connaitre par pallier.

Le spiritisme et la notion d'au delà sont un de ces paliers

qui nous emmène sur ces sentiers supérieurs mais ne suffit pas à connaitre Dieu dans son ultime finalité.

Tout artiste de niveau supérieur, c'est-à-dire un fluide ca-pable de se penser et de s'extraire par une contemplation naturelle à toute réalité pratique est un relais de ce fluide universel rayonnant qui permet de catalyser l'énergie des autres fluides dans l'ultime finalité de remonter à ce fluide universel.

Les autres fluides incapables de se penser à un niveau existentiel et de rechercher Dieu ont besoin de ce relais pour les concentrer sur une énergie supérieure.

De multiples expressions en sont possibles ; par toutes les formes d'art existantes, en particulier la musique, par les différentes expressions de la religion, bien que le mythe de Dieu finisse par en détruire la réalité.

Ces fluides de degré vibratoire supérieur ne se réincarnent donc pas par besoin comme les autres, en raison de la faiblesse des vibrations de leur fluide qui doit se réincarner et continuer à se détacher de la matière, mais simplement dans le but de réaliser cette mission de relais nécessaire à l'élévation des fluides inférieurs en vibrations.

De l'origine universelle à l'humanité : les trois degrés de l'évolution

Trois étapes essentielles, trois états successifs doivent sans cesse se rappeler à nous pour appréhender le retour au fluide universel rayonnant. Même si chacune fait l'objet d'une réflexion approfondie, il est toujours bon de les réexprimer succinctement.

- « *Le rayon* » : fluide baignant dans le fluide universel rayonnant se chargeant de lumière et de chaleur.

- « *Le fluide* » *:* « rayon » sorti du fluide universel rayonnant n'ayant plus accès à cette énergie qui le ressourçait. Rayon éteint.

- « *l'esprit ou l'âme* » : rapport du fluide au monde physique au fil de l'évolution terrestre à travers la perception et l'affect.

Ce qu'est Dieu : Dieu n'est pas un être suprême, ni une force spirituelle, c'est une énergie strictement physique.

Notre démonstration nous a conduits à envisager les différents aspects du problème divin en faisant preuve d'un raisonnement strictement logique dénué de toute spéculation religieuse, mettant de coté les aspects prêtant à controverse et irrationnels (divinité de Jésus-Christ, Immaculée Conception et non existence réelle de Marie, les miracles, etc.).

Comme on l'a annoncé depuis le début et exprimé de manière succincte ici et là c'est la notion même de Dieu qui se redessine.

Le Dieu paternel aimant ses enfants qui s'est incarné en Jésus, mort pour racheter leurs péchés et leur offrir la vie éternelle fait figure de légende.

Depuis l'aube des temps, l'homme a voulu déposer son destin entre les mains d'instances spirituelles supérieures, de divinités à la moralité infaillible, autorités religieuses toutes puissantes capables de la plus grande grâce comme du pire châtiment. Ce besoin de vénération, de soumission à un Dieu souverain, être spirituel désincarné juge de nos âmes de mortels, a mis à mal l'idée même de Dieu.

C'est admettre que l'esprit soit à l'origine de l'univers, de la création, de l'homme qui apparaît irrationnel et non le fait qu'une force non spirituelle, non intelligente soit par un phénomène physique indépendant de sa volonté la source de tout l'univers et par là-même de la vie.

Car qu'est-ce que l'esprit : c'est le seul rapport à un environnement physique à travers la pensée et le sentiment apparu au fil de l'évolution terrestre, comme on l'a développé précédemment.

Avec certitude s'affirme donc l'absence de personnalité de Dieu.

Cette force mal connue, objet de tous les fantasmes et de tous les pouvoirs imaginaires, personnifiée, humanisée est avant tout une énergie dont la nature physique est éminemment supérieure à celle de toute matière créée.

C'est de cette supériorité physique que sont nés tous les qualificatifs divins et tous ses pouvoirs miraculeux.

Dieu n'est ainsi pas du domaine de l'être mais une énergie physique qui ne connaît donc pas la pensée, ni le sentiment, ni le pouvoir. L'image qui illustrerait le mieux la nature de cette force est celle de l'élément source autonome d'énergie inanimée, non dotée d'esprit. La comparaison s'arrête la.

Si certains des attributs prêtés à Dieu sont valables dans leur dimension symbolique, d'autres sont pures inventions.

L'idée d'un Dieu omniscient qui voit dans les âmes de la totalité des humains à tout instant, comme celle d'un Dieu tout puissant qui a tout pouvoir tel un souverain absolu, nourrissent le mythe de Dieu et la crainte de sa sanction. Ce sont bien entendu des attributs qui n'appartiennent pas à une force physique, comme l'idée qu'il contrôle tout et qu'il s'implique avec toutes ses créatures.

L'homme par son désir de se reconnaître en Dieu a projeté l'image d'un père aimant, d'un ami qui s'investit dans une relation personnelle avec chacun de ses enfants.

Cette image vivante et humanisée du « Seigneur » qui permet de rendre le rapport à cette énergie mère accessible est bien sûr symbolique.

Nous sommes étroitement liés à elle mais ce lien n'est pas fait de sentiments ; c'est une connexion vibratoire. Dieu n'est pas à notre écoute permanente et ne peut réaliser nos souhaits, par contre nos prières désintéressées élèvent nos vibrations vers lui dans la mesure où il s'agit d'un phénomène physique (étudié dans la section : l'amour des hommes pour Dieu).

D'autres qualités connues de Dieu demeurent valables dans leur aspect imagé.

L'idée d'un Dieu saint, vrai, sage traduit la perfection physique de cette force qui ne connaît ni l'esprit, ni la matière, ni le mal.

Celle d'un Dieu d'amour fait référence à la chaleur du fluide universel rayonnant comme évoqué précédemment.

Celle d'un Dieu droit et juste illustre encore la pureté physique du fluide universel duquel nous éloigne d'un point de vue vibratoire toute action mauvaise ou dictée par la matière, comme celle d'un Dieu bon et vrai non corrompu par la matière.

Plusieurs qualités divines reprennent le même message ; Dieu est miséricordieux, patient, fidèle. Nous pouvons à tout moment faire le choix de retourner en son sein et retrouver cet état de plénitude tellement supérieur à l'humanité car le « Père » est éternel. C'est ce que le christianisme a traduit par les notions de grâce de Dieu et de salut. Le fluide universel rayonnant est éternel et immuable, le choix de redevenir rayon et de nous extraire de la matière, du « péché » est nôtre .

D'autres qualités s'entendent de manière directe telle celle d'un Dieu éternel, qui ne change pas et existe indépendamment, en dehors de sa création.

On parle alors de manière évidente d'un Dieu qui existe en tant que tel, de façon immuable, et se suffit à lui-même.

Établir l'existence de Dieu , pour nous humains au champ de vision limité, pose toujours la question du pourquoi, du comment.

Pourquoi Dieu existe, comment Dieu a-t-il été lui-même créé, quel est le sens de cette « vie éternelle » ?

Les sceptiques ont tendance à oublier que ces interrogations sont typiquement celles de l'homme, de l'être et qu'elles sont donc impropres à Dieu. Les questions de l'avant, de l'après, du pourquoi, du comment sont celles de la matière créée qui a connu une évolution, où l'esprit s'est développé en prise avec un environnement qu'il a cherché à appréhender.

Cette problématique est celle de la « vie », qui a connu un commencement et des mutations, celle de l'existence et non celle de Dieu qui n'est ni de l'ordre de l'existence, ni de la non existence, qui est autre.

Théorie de la création : l'origine de l'univers

Tous les aspects que nous avons envisagés depuis lors posent la vertigineuse question du comment. Celle du pourquoi relève de la recherche de sens, de l'entendement, de l'être. La question du pourquoi prêterait à Dieu une sorte de volonté, de plan, or comme on ne cesse de le marteler la volonté et la pensée sont humaines.

La question du comment correspond mieux à l'interrogation de l'origine universelle ; par quel processus, par quel phénomène, le rayon serait devenu être, et un fluide universel rayonnant invisible à nos yeux aurait engendré la matière ?

Certes on pourra toujours opposer la question de la preuve pour les plus sceptiques, pourtant s'offre à nous la compréhension d'un phénomène des plus rationnels si l'on dépasse l'étroitesse de nos horizons humains.

La Terre n'est-elle pas une simple sphère perdue au fond du néant infini ?

Cette idée est tout aussi incommensurable que celle de l'origine de l'univers.

« À l'origine il n'y avait rien. »

Le fluide universel rayonnant connaissait un équilibre parfait en gardant en son sein la multitude de rayons se baignant de lumière et de chaleur dans la plus parfaite harmonie. Il existait un équilibre vibratoire parfait à la fois entre les rayons et le fluide universel, et les rayons entre eux, chacun trouvant sa place dans des hauteurs d'énergies spécifiques.

L'univers n'était pas, rien n'était et encore moins l'homme ni l'esprit.

Rien que ce fluide universel rayonnant.

Un déséquilibre antérieur à la création, antérieur à l'humanité, aurait conduit à la matérialisation. La création n'est pas une fin en soi. C'est un phénomène indépendant de la volonté, la conséquence de la perte d'une harmonie entre différentes forces.

Il n'y aurait pas de plan, juste un phénomène. L'échappement des rayons devenus fluides en sortant du fluide universel rayonnant est à l'origine de la matérialisation, c'est la « faute » originelle et non le péché de l'homme sur Terre, ce qui conforte l'idée d'une morale purement humaine.

L'échappement des fluides a donné lieu à un déséquilibre énergétique, on peut l'observer comme un fait « naturel », qui pourrait être démontré par la science si elle pouvait y accéder, qui a créé des réactions en chaîne et non comme une faute, image symbolique devenue caricature grossière.

La dispersion des fluides par milliards et milliards, au-delà de ce que l'homme peut dénombrer, aurait conduit à un immense déséquilibre des énergies, les fluides ne pouvant demeurer rayons hors de l'essence.

Ce dérèglement aurait inévitablement conduit au processus de la création physique dans un énorme big bang. La perte subite de milliards et milliards de rayons aurait presque vidé le fluide universel rayonnant de lui-même, crée un vide énergétique, comme un appel d'air à l'origine d'une sorte d'explosion, de rejet de ce « vide » par le fluide universel. Ce rejet se serait exprimé par le gaz qui a existé dans les toutes premières minutes de l'univers.

Formés sur des milliards d'années par l'agglomération des débris des étoiles, des blocs de matière brute auraient jailli du fluide universel rayonnant comme des sortes de solidifications, sous l'effet du vide énergétique laissé par les rayons échappés. Les planètes seraient nées de leur entrechoquement.

Ces sortes de déchets, de matérialisations grossières produites par le vide laissé au sein d'une matière tellement pure auraient entraîné, voire enfermé, les rayons devenus fluides dans leur chute.

On pourrait alors imaginer la puissance et l'immensité de ce fluide pour lequel les planètes ne seraient que quelques grains de poussière.

Lors de ce bouleversement énergétique, de cette explosion, des multitudes de particules pures de ce fluide universel rayonnant lui-même, pas des rayons, se seraient disloquées et matérialisées tout en conservant, de manière beaucoup moins pure qu'à l'origine cette nature fluidique lumineuse et rayonnante sous la forme d'astres, étoiles et soleils. On comprend alors qu'il existe deux types de matières, celle du fluide universel rayonnant et des rayons, matière entre guillemets non créée, qui est celle de l'origine, qui a toujours été, et la matière « créée » rejetée par le fluide universel. Il devient alors évident que les rayons devenus fluides, prisonniers de la matière créée, rejetée par le fluide universel, ne peuvent avoir accès au fluide universel rayonnant, une « matière » d'un tout autre type.

L'état de rayon quand l'esprit s'est effacé ne correspond que par l'image qu'on se représente aux rayons du soleil.

Cela transmet l'idée de particules transpercées par la chaleur du fluide universel rayonnant. La comparaison s'arrête là.

Le soleil en se matérialisant a changé de nature et ses rayons n'ont pas d'individualité, ce sont ceux du fluide universel rayonnant lui-même matérialisés, le soleil représentant une poussière matérialisée du fluide universel.

Derrière le masque de l'humanité : une autre réalité

L'existence est une notion humaine que le fluide universel rayonnant ignore. La vie terrestre est la fiction qui étouffe l'éternité. Projetés sur un atome de matière, les fluides éteints progressent lentement sous le masque de la matière, et en rapport à cet environnement ont peu à peu défini un niveau de réalité et des repères communs à la collectivité.

Nos agitations de vivants prisonniers d'un globe qui n'est qu'un atome à l'échelle du fluide universel rayonnant ne sont que néant, rampements comparées à la vibration du rayon, occupés que nous sommes à combler le vide de nos esprits par des courses stériles au progrès matériel, à la consommation, au loisir, à la société de services, faisant de la réalité originelle une croyance, une idée dérivée de son sens.

La raison n'existe pas au-delà de la Terre ni au-delà de l'humain. La matière étouffe l'essence qui ne peut transpirer et atteindre sa plénitude. Nous sommes sous nos masques d'humains d'une autre nature, d'une autre origine que l'humanité, que l'esprit.

Il nous faut progresser, comprendre que nous ne sommes pas dans la réalité en ces vies. Nous ne sommes pas à notre place, tels des fossiles pétrifiés dans la pierre, dans des vies de misère comparées à la vibration du rayon.

Comme si l'homme devenait fourmi, comme si l'homme devenait pierre, le rayon devient créature.

Pourquoi vivre dans la limite alors que notre nature est bien plus grande ? Cessons de parler de l'éternité dans la continuité de l'esprit, parlons de retourner à notre vraie dimension, retrouver notre véritable identité, cet état de rayon dont nos vies terrestres sont l'obscurité. Nous errons sur un globe-atome à l'échelle du vertige de lumière. La vie, l'humanité n'est qu'une fable née d'un grain de poussière notre planète la Terre.

Nous qui convoitons le progrès et l'élévation de l'espèce, nous ignorons que l'essence pure et parfaite existe déjà et que nous n'avons qu'à y retourner, tellement supérieure à nos vies que nous ne pouvons l'appréhender.

Que ce soit par le travail et les divertissements, toutes nos énergies se dirigent vers la matière et empêchent le fluide de remonter vers le fluide universel rayonnant. Ne continuons pas à vivre dans l'ego, le vice et la matérialité. Il nous faut dégager les énergies qui nous feront retrouver définitivement notre vraie nature.

Cette quête ne doit pas consister en des contraintes ni des préceptes obscurs et imposés. Réalisons seulement que nous sommes à des années-lumière de la réalité, et de cette prise de conscience allégeons-nous peu à peu des emprises terrestres.

Répondons à nos besoins essentiels et dépassons peu à peu l'illusion de nos vies.

Nous sommes l'éternité bâillonnée par l'illusion, le fluide noyé dans la chair.

Ne restons pas dans le doute ou l'expectation, la certitude figée ou la foi incomprise, ne nous agrippons pas à un décor de poussière.

La question est de savoir si la réalité que nous avons construite nous suffit ou si nous souhaitons retourner à notre véritable état dans le progrès solitaire de chaque être humain et collectif de l'entière humanité.

Si les planètes tournaient autour du soleil inéluctablement attirées par la chaleur du fluide universel rayonnant ? Si le soleil était un flocon du fluide universel matérialisé lors de la dispersion des rayons ?

Si la chaleur de ses rayons sur nos corps n'était que l'infime avant-goût du bien-être des fluides nageant dans l'onde de lumière ?

Nous sommes l'éternité retournée au règne animal, nous sommes la perfection déguisée en fange, arapèdes rampant à la surface de la Terre, ignorant la vérité de notre espèce.

L'origine universelle prisonnière de l'imagerie humaine

Si l'on peut garder le nom de Dieu pour nommer l'origine universelle, et conserver le système de la religion comme moyen d'y retourner, on ne peut que rejeter le contenu qu'au fil des siècles l'homme leur a prêté. Ne pouvant accéder à cette origine mystérieuse et impénétrable, nous avons au fil des siècles humanisé, simplifié et matérialisé cette vérité de l'origine. L'homme par son besoin de se rattacher à des symboles concrets l'a vidée de son sens.

Au lieu de comprendre le message du Christ de manière symbolique, nous en avons fait une interprétation extrêmement limitée. D'un homme, d'un penseur qui a exprimé l'idée de l'origine, nous avons fait naître l'incarnation de Dieu, le fils de Dieu, lui attribuant toutes sortes de miracles et de prodiges, romançant l'histoire de sa vie.

Il nous fallait des « preuves » de ce qu'il avançait et nous avons fini par inventer ces preuves dans l'immaculée conception, des faits extraordinaires qui ont fini par discréditer son propos.

Ces soi-disant prodiges seraient la marque du divin, de sa toute puissance alors que ce sont de pures inventions humaines qui n'ont rien de commun avec le phénomène naturel qu'est l'origine universelle.

Ce sont ces parties assurément imaginées de la vie du

Christ qui ont fini par semer la confusion et le doute dans les esprits, détournant bon nombre d'entre nous du divin.

L'idée de Dieu est devenue pour beaucoup un mythe, une illusion noyée dans un amour utopique, à laquelle on croit par peur du néant.

On prie des idoles, on respecte des messes et des sacrements dans une foi peut-être authentique mais brumeuse.

Le seul respect d'heures de prières et de rituels religieux ne suffira pas à extraire le fluide de la matière et à le faire redevenir rayon. Il nous faut repenser les institutions religieuses comme l'instrument du retour à l'origine.

Ôtons leur cette subjectivité humaine du dogme qui en fait l'instrument d'une croyance aveugle ou d'une caricature acerbe.

Car la sincérité de la foi est l'une des seules énergies détachées de la matière qui remonte au fluide universel rayonnant et élève les fluides vers lui.

Mais si la compréhension éclairée se substituait à des croyances incertaines, la progression serait beaucoup plus importante.

La prière est la seule connexion entre le fluide universel et l'homme qui n'a pas la capacité de s'extraire de son environnement physique par lui-même.

Dépassons la caricature grossière que nous avons

laissée éclore au fil des siècles et corrompre une vérité, à travers la mise en scène des forces du bien et du mal, du Paradis, de l'Enfer, d'un Dieu esprit tout puissant d'amour infini, pour nous confronter à ce qui est de l'ordre d'un phénomène ; celui de l'origine universelle.

Ne parlons plus d'extase et de bonheur illusoire, d'une béatitude éternelle, mais du rayon dégagé de l'entrave physique, du rayon libéré de la fable de l'humanité.

C'est cela que nos mots d'hommes nomment félicité divine, un océan fluidique et lumineux où tout serait énergie et vibration dont nous serions les ondes rayonnantes.

La Terre est un grain de sable à l'échelle de cet océan et les astres quelques éclats matérialisés.

Quel retour possible à l'origine universelle ?

En substituant l'hypothèse d'un phénomène naturel à la multitude des croyances qui entourent l'idée de Dieu, le mystère devient clarté et engage la responsabilité de chacun d'entre nous et de l'humanité entière.

La croyance maîtresse du mystère et de l'incertitude n'invite que peu à l'action, au changement et si l'effort est fait, il reste limité du fait de l'ignorance qui l'entoure.

Si l'humanité peut prétendre savoir d'où elle vient et comment revenir à cette origine universelle, elle doit à présent faire le choix d'ignorer cette source ou d'y revenir.

Aussi bien d'un point de vue individuel que collectif, notre libre arbitre est préservé.

Tout dépend de notre volonté et du désir sincère de revenir à cette origine, ou de continuer à vivre selon nos valeurs actuelles.

Évidemment la mutation de nos sociétés modernes, dominées par les lois du marché, où la consommation et le loisir sont rois, semble un effort insurmontable.

Et pourtant la foi est un levier très puissant qui sera peut-être à l'origine de l'achèvement d'un système capitaliste malade et sclérosé.

Il ne s'agira pas d'une foi qui ignore ce en quoi elle croit mais d'une conscience éclairée qui sait le voyage qu'elle entreprend vers l'origine universelle.

Cette volonté trouvera son siège en chacun d'entre nous et devra prendre forme dans nos organisations sociales.

Là est d'ailleurs la plus grande difficulté car la volonté individuelle de tout à chacun devra trouver résonnance dans l'organisation humaine. Comment assouvir ce désir de revenir à l'origine universelle quand l'individu ploie sous les obligations imposées par la vie moderne ? On n'oubliera pas bien sûr les grandes difficultés des pays sous-développés où la préoccupation première est de subsister et où la problématique se pose de manière différente.

Comment mettre en pratique ce désir de l'humanité de revenir à l'origine universelle ?

L'effort semble surhumain et le changement des mentalités très utopiste car c'est l'essence même de l'homme contemporain qui devrait être modifiée.

La fin de la course à l'argent et du capitalisme forcené ralentirait considérablement le pouls de notre planète et permettrait de redéfinir les priorités humaines.

Il ne s'agit bien sûr ici que de projections dans une société futuriste encore très éloignée de nos réalités concrètes, mais qui méritent d'être exposées.

Comme on l'a déjà vu , les clés d'un retour définitif au sein du fluide universel rayonnant résident dans l'amour de Dieu, l'amour du prochain et le détachement de la matière.

Il nous faudrait alors associer les notions de travail et d'amour de Dieu, pas dans l'idée traditionnelle de donner une valeur morale au travail matériel, mais dans la perspective de lier l'aspect occupationnel du travail à la « prière », aux dégagements des énergies de la matière.

La prière ici n'est pas entendue dans l'idée classique des psaumes récités lors de liturgies religieuses, mais au sens large comme cette attraction vers le fluide universel rayonnant.

La satisfaction de nos besoins matériels ne demeurerait plus au centre de nos existences.

Il nous faudrait revenir peu à peu à une vie simple, pas dans un dépouillement excessif et un ascétisme forcé, mais par paliers successifs, dans une progression naturelle sur des millénaires, en fermant peu à peu le robinet de la société de consommation.

Cet allègement ne sera pas contrainte étant donné qu'il se fera par étapes. Nos énergies se modifieront et s'élèveront vers le fluide universel rayonnant.

On peut présumer que ce dégagement des énergies entraînera une modification physique et psychique de l'homme.

Cette évolution se réalisera sans coercition ni règles

imposées, dans un choix éclairé, une compréhension, pas une régression vers une societé austère et dépouillée de toute satisfaction, pas un renoncement, un détachement progressif ; le dégagement des énergies nous fera peu à peu nous désintéresser de nos appétits humains et revenir à l'essence.

La clé du retour à l'origine universelle trouve ainsi sa source dans l'extraction de la matière au sens large.

Notes

Augmentation de la population terrestre :

- La totalité des fluides n'ont pas été projetés ou prison-niers de la planète Terre.
De ce fait il a fallu au fil de la longue évolution, que les fluides terrestres développent un véhicule physique qui per-mette la reproduction et donc l'incarnation de nouveaux fluides.

- Au sujet de la réincarnation, la conscience ne se souvient pas mais l'âme conserve sa mémoire interne et par son niveau vibratoire va choisir de progresser ou non.

Elle est obligée de se réincarner à un moment donné de par la bassesse de ses vibrations et son attraction pour la matière.

Les âmes évoluées comme il est dit dans le livre des es-prits d'Allan Kardec, ne se réincarnent que par mission.

Sommaire